Hamburger Jung fährt zur See und berichtet …

Für meinen Sohn Michael Cristoph Klews
und meine Tochter Barbara Eileen Andersen

GUNTER KLEWS

Hamburger Jung fährt zur See und berichtet …

Bibliografische Information der Deutschen Nationalbibliothek
Die Deutsche Nationalbibliothek verzeichnet diese Publikation in
der Deutschen Nationalbibliografie; detaillierte bibliografische Daten
sind im Internet über http://dnb.dnb.de abrufbar.

Satz, Umschlagdesign, Herstellung und Verlag:
BoD – Books on Demand, Norderstedt
ISBN 978-3-7526-7553-5

Mein Name ist Gunter Klews. Ich wurde am 29.1.1951 in Hamburg – genauer gesagt im Bethanien-Krankenhaus in **Hamburg-Eppendorf** – geboren. Also ein typischer »Hamburger Jung«.

In diesem Stadtteil bin ich dann auch aufgewachsen, in unmittelbarer Nähe zur U-Bahn-Station »Eppendorfer Baum«. Dort steht auch heute noch mein Elternhaus.

Für meine Erziehung und die meiner Schwester war einzig und allein meine Mutter zuständig, da mein Vater als Kapitän bei Hapag-Lloyd, der früheren Hamburg-Amerika-Linie, ständig unterwegs war und nur als gelegentlicher Besuch ab und zu mal vorbeikam. Vielleicht ist das auch der Grund, warum wir uns so gut verstanden haben.

Alles in allem habe ich aber eine schöne Kindheit und Jugend gehabt.

Sportbegeistert war ich, solange ich denken kann.

Neben der Leichtathletik war Rudern meine ganz große Leidenschaft.

Ich war einige Jahre Mitglied beim **Hamburger und Germania Ruder Club** und gehörte dort zu den sogenannten **Trainingsmännern**. Als solche verpflichteten wir uns, den Club bei Ruderregatten in ganz Deutschland zu vertreten, und so nahmen wir in der ganzen Bundesrepublik, zum Beispiel in Lübeck, Bremen, Berlin, Hoya oder Duisburg, für diesen Verein an Rennen teil.

So einige Male waren wir im Vierer mit Steuermann – wir sind die sogenannte Rennbootklasse gefahren – erfolgreich und konnten so den einen und anderen Sieg verzeichnen und mit nach Hause nehmen.

Aber ohne Schweiß kein Preis. Trainiert wurde in der Regel **fünfmal** in der Woche. Unmittelbar nach der Schule ging es zum Club, egal bei welchem Wetter.

Auch an den Wochenenden wurde trainiert. So manches Mal habe ich den Riemen gehasst, den ich durchs Wasser zu ziehen hatte. Teilweise bestanden meine Hände nur noch aus Schwielen und Blasen.

Nun, aber der Erfolg gab uns recht.

Mein letztes Rennen bin ich auf der Wedau in Duisburg gefahren. Das ging beinahe schief. Mit unserem Boot fuhren wir an den Start. Es war ein sehr heißer Sommertag, darum hatte ich mein Club-Trikot aus der Sporthose gezogen, sodass der untere Rand auf meinen Oberschenkeln lag.

Wir richteten uns mit den anderen, gegnerischen Booten aus und warteten auf das Startsignal. Als es ertönte, begannen wir mit den sogenannten kurzen Sprintschlägen, um Fahrt in das Boot zu bringen. Doch, o Schreck, auf einmal merkte ich, dass mein »offenes« Sporthemd sich zwischen meinem Rollsitz und der Rollschiene verklemmt hatte und somit mein Rudern blockierte. Dazu muss man sagen, dass wir sehr schöne und sehr dicke Trikots hatten. Mit aller Kraft drückte ich mich vom Stemmbrett ab und »überfuhr« mit weiteren Ruderschlägen das Hemd immer und immer wieder, bis es schließlich praktisch aufgeschnitten war.

Es war wirklich sehr anstrengend, brachte aber den Gesamtrhythmus der Mannschaft nicht durcheinander. Trotz dieses Missgeschicks konnten wir das Rennen noch sehr knapp zu unseren Gunsten entscheiden. Ich jedoch war körperlich fix und fertig.

Nach der Siegerehrung, bei der wir Gott sei Dank noch im Boot sitzen durften, hat man mich am »Sattelplatz« aus dem Boot getragen, wo ich – aufgrund der totalen Erschöpfung – auch noch mein Frühstück wieder opferte.

Damit endete meine »**Ruderkarriere**«.

Inzwischen hatte ich auch die Schule beendet. Da ich aus einer uralten Seemannsfamilie stamme – mein Urgroßvater, mein Großvater und mein Vater fuhren alle zur See –, stand auch mein Berufsziel fest: Ich wollte Kapitän werden wie mein Vater.

Bevor es mit der eigentlichen Ausbildung losgehen konnte, besuchte ich noch einen **dreimonatigen Vorbereitungslehrgang** auf einer Seemannsschule. Es gab in Deutschland damals einige dieser Schulen, unter anderem in Hamburg und Bremen. Und in Bremen war diese Schule das **Segelschulschiff »Deutschland«**.

Es wurde nicht mehr zur Seefahrt eingesetzt, diente aber der Seemannsschule Bremen als Unterkunft und Unterrichtsraum. Daneben gab es noch Hörsäle in einem Nebengebäude, doch die Hauptaktivitäten fanden eben an Bord dieses Schiffes statt.

Ziel des Lehrgangs war es, dem seemännischen Nachwuchs »ein Schiff« zu erklären. Man sollte grundsätzliche Begriffe und Handhabungen kennen, bevor man in die eigentliche Ausbildung einstieg. Es war so eine Art »Vorschule«.

Beispielsweise sollte man wissen, dass man, wenn es hieß, zum **Bug** zu gehen, nicht nach hinten lief, sondern nach vorn. Oder dass, wenn von **Backbord** die Rede war, die linke und nicht die rechte Seite gemeint war. Also wirklich nur Grundlagenwissen, um den beruflichen Einstieg zu erleichtern. Man kannte eben schon »**etwas**« vom Schiff und war nicht nur der junge »**Atmer**«, der außer Luftholen nichts konnte.

Und das erwies sich beim späteren beruflichen Einstieg an Bord tatsächlich als sehr nützlich.

Täglich also war an Bord des **Segelschulschiffs** »**Deutschland**« Unterricht angesagt, theoretisch und praktisch. Der theoretische Unterricht im Hörsaal war überhaupt kein Problem, aber mit den praktischen Übungen war es nicht so einfach.

Mein Problem, oder auch nicht, war, dass ich ein **absoluter Linkshänder** bin. Manche Leute haben gewisse Fähigkeiten sowohl mit der linken als auch mit der rechten Hand.

Ich aber bin eben ein **reiner** Linkshänder. Manchmal dachte ich, den rechten Arm habe ich nur, damit die Anzugsjacke richtig sitzt, denn mit rechts bin ich äußerst ungeschickt und kann kaum etwas bewerkstelligen.

Wir waren damals circa **80 Personen** in dieser Vorschule und waren mit den verschiedenen Leistungsständen – erster Monat, zweiter Monat, dritter Monat – alle in einem großen Raum im ersten Unterdeck untergebracht.

Hier wurde geschlafen, gegessen, teilweise unterrichtet und auch gelernt. Auf engstem Raum.

Geschlafen wurde in Hängematten. Die waren überhaupt nicht vergleichbar mit denen, die man bei sich zu Hause im Garten hat. Sie bestanden aus sehr festem Segeltuch, einem Innenleben (so einer Art Matratze) und zwei Spreizlatten, die je vorn und hinten quer in die Matte eingefügt wurden. Sie sorgten dafür, dass man in der Breite ausreichend Platz hatte und nicht zu fest eingedrückt wurde.

An der Decke befanden sich jede Menge Haken, in die abends die Matten eingehängt wurden.

Beim Anblick dieser Schlafmöglichkeit dachte ich mir: Das schaffst du nie, da fällst du beim ersten Umdrehen, bei der ersten Bewegung, raus. Ich hatte mich schwer getäuscht.

Nachdem man die Technik des Ein- und auch Aussteigens begriffen hatte, waren die Hängematten – ganz ehrlich – super. Ich habe selten so gut geschlafen. Leider war die Nacht immer nur sehr kurz. Gegen **6.00 Uhr** wurden wir per Lautsprecher geweckt, immer mit dem gleichen Spruch:

»Rise, rise, lüft das Bein,
ein jeder will der Erste sei.
Die Sonne brennt am Firmament,

die Wache noch im ›Scheißhaus‹ pennt.«
Alles aufstehen, sofort!!!

(Keine Sorge, das Wort **Rise** habe ich schon richtig geschrieben. Es hat mit der deutschen »**Reise**« nichts zu tun, sondern stammt aus dem Englischen und heißt so viel wie »**aufgehen, aufstehen**«. Also eine englische Tradition, die hier wirklich noch Bestand hatte.)

Innerhalb kürzester Zeit kamen wir aus unseren Schlafstätten raus, zogen uns an und mussten die Hängematten nach ganz bestimmten Regeln wieder zusammenzurren. Viel Zeit hatten wir nicht.

Anschließend mussten alle zukünftigen Seeleute zur Inspektion mit den Hängematten am Oberdeck antreten.

Es wurde wirklich sehr genau geprüft, ob die jeweilige Hängematte ordnungsgemäß gezurrt war. Das war keine Schikane, denn zur damaligen Zeit galt eine gut gezurrte Hängematte auch als eine Art »**Rettungsring**«.

Sollte das Schiff einmal untergehen, konnte man sich an diese Hängematte klammern.

Sicher eine uralte Tradition, die aber damals immer noch praktiziert wurde.

Im Anschluss wurden die Matten in einem Behälter am Oberdeck verstaut, aus dem man sie abends wieder herausnahm.

Jetzt begann das Tagesgeschäft, der Unterricht. Gruppenweise wurden wir über Konstruktionen, Lademöglichkeiten und vieles andere der verschiedenen Schiffstypen (Stückgutschiff, Massengutschiff, Tanker etc.) im Hörsaal unterrichtet.

Der praktische Unterricht fand also an Bord des Schulschiffs »**Deutschland**« statt. Hier wurde rein Handwerkliches unterrichtet, unter anderem das Spleißen mit Tauwerk und Draht. Spleißen, das bedeutet nichts anderes als das Zusammenfügen von Tau- und Drahtwerk mit einer bestimmten Technik. Allzu schwer war es offenbar nicht, denn auch ich hatte es geschafft.

Jetzt aber kam eine für einen Linkshänder extrem schwierige Übung auf mich zu:

»**Knotenkunde**«.

Zur damaligen Zeit war es an Bord von Schiffen äußerst wichtig, Knoten zu beherrschen und anzuwenden. Sei es für die Ladung oder für Gegenstände, die schnell gesichert werden mussten.

Bei den Seemannsknoten handelt es sich um sogenannte Sicherungsknoten, die in sehr kurzer Zeit zum Laschen, also »Festbinden« anwendbar und in genauso kurzer Zeit wieder zu öffnen sein müssen. Das ist Sinn sämtlicher seemännischer Knoten.

Diese Knotenkunde war unbedingt notwendig für die Sicherheit des Schiffes und auch der Besatzung zur damaligen Zeit.

Es gab eine Vielzahl von Knoten, die man tatsächlich alle beherrschen musste.

Einer unserer Ausbildungsoffiziere, Herr B., war ein guter, menschlicher und vor allen Dingen fachlich sehr versierter Experte. Er gab sich sehr viel Mühe, um uns die sogenannte **praktische Seemannschaft** beizubringen.

Und beim größten Teil des seemännischen Nachwuchses gelang ihm das auch.

Sein Sorgenkind war **nur** ich. Ich war und bin, wie schon erwähnt, **Linkshänder**, und die gesamte Knotenkunst ist grundsätzlich nur für **Rechtshänder** ausgelegt. Er gab sich sehr viel Mühe und verzweifelte, ja war womöglich schon dem Freitod nahe bei dem Versuch, mir praktische Seemannschaft beizubringen.

Und letztlich ist es ihm doch noch gelungen, mir die Knotenkunst beizubringen, die man, wenn man sie einmal begriffen hat, auch als Linkshänder nicht mehr vergisst.

So einige Knoten beherrsche ich heute noch, nach so vielen Jahren.

Und das war noch lange nicht alles, was ich an Bord der »**Deutschland**« lernte. Wie gesagt, wir alle schliefen und arbeiteten auf dem ersten Unterdeck, das auch ausreichend groß war. Man sprach immer von »**Backen und Banken**«, also **Stühlen** und **Tischen**, die man tagsüber benötigte zum Essen und Arbeiten. Nachts wurden sie unter der Decke befestigt, sodass noch genügend Raum für die Hängematten vorhanden war.

Nach dem Morgenappell und bevor der Unterricht begann, wurden Aufgaben verteilt, zum Beispiel Reinigungsaufgaben wie Putzen von Toilette und Bad,

Schrubben des Decks, Polieren der Messingglocke und noch vieles andere.

Daneben brauchte man auch Leute zum Fertigen von Wachdienstplänen und sonstigem Schriftverkehr.

Warum auch immer, das Los bei Letzterem fiel auf mich. Ich wurde »**Schreibzimmerbulle**«. Mit den Reinigungsarbeiten hatte ich nichts mehr zu tun.

Ich hatte im hinteren Teil des Segelschiffs, da, wo damals die Offiziere einschließlich des Kapitäns untergebracht waren und wo sich der Offizierssalon befand, mein kleines Zimmer, um dort Schreibarbeiten jeglicher Art zu erledigen.

Das gefiel mir sehr gut. Ich hatte somit, wenn der generelle Unterricht beendet war, mein eigenes Reich. Dort konnte ich auch ungestört lernen, während alle anderen in dem erwähnten großen Gemeinschaftsdeck zusammenhockten. Ich hatte einfach Glück, warum auch immer ich zum **Schreibzimmerbullen** ernannt worden bin, weiß ich bis heute noch nicht. Es war jedoch eine sehr angenehme Zeit.

An Bord der »**Deutschland**« stand damals üblicherweise ständig eine Bordwache an der Gangway und kontrollierte jeden Zugang von Personen.

Es gehörte zu meinen Aufgaben, die Leute dafür einzuteilen. Es lag somit in meinem Ermessen, wen ich wann zu welcher Wache einteilte. Man kann sich sehr gut vorstellen, wie viel »Besuch« ich in meinem Zimmer hatte von den **Jungseeleuten**, die ihre persönlichen Wünsche hinsichtlich der Wacheinteilung vortrugen. Es war nicht einfach, aber ich denke, ich habe es, so gut es ging, gerecht hinbekommen.

Die Einteilung der Wachen, die ich vornehmen durfte, galt nur für die Tageszeit. Auch nachts musste Bordwache gegangen werden. Die entsprechenden Personen und Zeiten wurden aber ausschließlich von der Schiffsleitung festgelegt.

Auch ich gehörte dazu und auf mich fiel die Zeit von **2.00 bis 4.00 Uhr.**

Natürlich nicht jede Nacht, aber in einem bestimmten Turnus war ich dran.

Obwohl das eine schlimme Zeit war, so früh am Morgen, hatte ich das wirklich nicht so empfunden. Ich wurde kurz vor 2.00 Uhr in meiner Hängematte geweckt, zog mich an und ging an Deck.

Los war natürlich überhaupt nichts, dafür war um diese Jahreszeit – April bis Juni – das Wetter sehr schön, fast romantisch. Ich habe die zwei Stunden wirklich genossen. Kurz vor 4.00 Uhr wurde es so langsam hell, in der Weser wurden auch die Fische munter und machten durch kleine Sprünge auf sich aufmerksam.

Nach meiner zweistündigen Wache weckte ich meinen Nachfolger und legte mich wieder in die Hängematte. Zwei weitere Stunden bis zum Weckappell schlief ich noch sehr gut.

Während der gesamten Ausbildungszeit an Bord der **»Deutschland«** war es nicht erlaubt, nach Feierabend an

Land zu gehen. Von Montag bis Freitag mussten wir also an Bord bleiben, waren praktisch kaserniert.

Das galt für alle. Nur nicht für den »**Schreibstubenbullen**«.

Zu meinen Aufgaben gehörte es nämlich, täglich die Post zum Postamt in die Bremer Innenstadt zu bringen.

Jeden Tag gegen 18.00 Uhr verließ ich mit einem dicken Stapel an Briefen – es waren ja immerhin circa 80 Leute an Bord – das Schiff und ging durch die Stadt. Eine sehr schöne Freiheit, die ich sehr genoss, aber auch nicht übermäßig strapazierte.

Mich kontrollierte zu dieser Zeit kein Mensch mehr, denn die Offiziere, mit Ausnahme des Wachhabenden, der sich im hinteren Teil des Seglers befand und sich so gut wie nie blicken ließ, waren nicht zu sehen.

Ob er überhaupt bemerkte, wann ich wieder an Bord war, kann ich nicht sagen. Ich wurde nie darauf angesprochen.

Ich genoss hier also eine großartige Freiheit. Die Bordwache, die zu der Zeit eingeteilt war – es war noch keine Nachtzeit –, machte mir keine Probleme, was meine Rückkehr betraf. Ich hatte sie eingeteilt, und sie hatten für die Zukunft sicher Wünsche, über die man dann bei der erneuten Wacheinteilung würde sprechen können.

So hatte ich die Möglichkeit, meine Verwandten – ich bin ein halber Bremer, meine Mutter stammt aus Bremen, und ich hatte damals dort noch Onkel, Tanten und Cousinen – in der Innenstadt zu treffen. Wie gesagt, diese Zeit habe ich genossen, es aber wirklich nicht übertrieben.

Jeden Freitag, nachdem mit vereinten Kräften »**klar Schiff**« gemacht worden war, durften wir die »**Deutschland**« verlassen und nach Hause fahren.

Ich war somit an jedem Wochenende in Hamburg bei meinen Eltern, und jeden Sonntagnachmittag haben die beiden mich dann wieder nach Bremen zum Segelschulschiff gefahren. Dafür bin ich ihnen noch heute dankbar.

Tja, so schnell gingen drei Monate seemännischer Vorbereitungsdienst vorbei, der mit einer Abschlussprüfung endete und für meine weitere berufliche Laufbahn, gerade am Anfang, sehr hilfreich war.

Nun, nach diesem seemännischen Vorbereitungslehrgang kam alles wie geplant.

Vorbereitungslehrgang in Bremen,
Segelschulschiff „DEUTSCHLAND"

Ich unterschrieb bei der damaligen **Hamburg-Amerika-Linie** (**Hapag**, heute **Hapag-Lloyd**) einen Ausbildungsvertrag als Kadett und begann somit meine seemännische Laufbahn.

Mein erstes Schiff war die **MS »Westfalia«** – sie machte 23 Knoten in der Stunde (1 Knoten entspricht 1,852 km), was für damals sehr schnell war – mit dem Ziel Ostasien, nämlich Singapur, Hongkong, Japan, Malaysia und die Philippinen.

Die Reise ging von Hamburg aus nach Bremen, Rotterdam und Antwerpen. Von dort aus begann eine 21-tägige Fahrt um Afrika herum nach Singapur, da zu der damaligen Zeit der Suezkanal geschlossen war.

Jetzt machte ich die ersten Erfahrungen mit dem »**Blanken Hans**«.

Unmittelbar nach Verlassen von Antwerpen kamen wir in ein Schlechtwettergebiet, und das Schiff begann mächtig zu schlingern und zu stampfen. Wenn ich zuvor nicht gewusst hatte, was Seekrankheit ist, jetzt wusste ich es. Mir war unglaublich schlecht. Ich habe die »Fische gefüttert«, immer und immer wieder. Oftmals auch an der falschen Windseite, sodass das »Futter« wieder zurückkam. Das war mir in diesem Zustand völlig egal. Ich wollte nur, dass die ewige Schaukelei aufhörte, aber da hatte ich ganz schlechte Karten.

Die Schaukelei dauerte einige Tage, und ich war nicht in der Lage, etwas zu essen. Ich verstand nicht mehr, was ich damals auf dem Hamburger Dom (also der Kirmes) an den verschiedenen Fahrgeschäften, die dich hin und her wirbelten, für gut empfunden hatte.

Doch irgendwann gewöhnt man sich an alles und ich und auch mein Magen somit an das ewige Geschaukel.

Schließlich beruhigte sich das Meer wieder, ich konnte auch wieder etwas essen und dem Unterricht an Bord – wir hatten extra einen Ausbildungsoffizier dabei – wieder folgen.

An Bord der »**Westfalia**« waren wir insgesamt zwölf **Kadetten**, und wir beschlossen, an einem Samstag, nach Verlassen des letzten europäischen Hafens – also Antwerpen –, einmal eine richtige Party machen zu müssen. Es sollte richtig krachen.

Gesagt, getan, der Alkohol an Bord war sehr preiswert, und so wurden jede Menge Spirituosen beim Funkoffizier, der auch gleichzeitig Verwalter war, eingekauft.

Um dieser Party aber etwas Pfiff zu geben, dachte man sich ganz spezielle Spielregeln aus. Jeder bekam ein recht großes Glas, gefüllt mit Alkohol. Die einen hatten Whisky, andere Gin oder Rum. Es war ja genügend da. Zusätzlich erhielt jeder einen Spitznamen wie »Mr Rubber«, »Mr Right« oder »Mr Left«.

Bevor man nun mit seinem Sitznachbarn ein Gespräch beginnen durfte, musste man ihn direkt – nur mit dem gegebenen Spitznamen – ansprechen. Hatte man dies zuvor vergessen oder nicht daran gedacht, so musste man zur Strafe das vor einem stehende Glas auf ex austrinken.

Durch diese Art der Bestrafung erhöhte sich im Verlauf des Abends natürlich auch rasch die Fehlerhäufigkeit.

Ich weiß nur – und das werde ich auch nicht vergessen –, für mich begann die Party um **19.30 Uhr** und war um **20.15 Uhr** beendet.

Auf allen vieren kroch ich zurück in meine Kabine. Dort versuchte ich – ein Lob auf die gute Erziehung meiner Mutter – meine Hose auf **Bügelfalte** in meinem Schrank aufzuhängen. Nach dem **x-ten Anlauf,** bei absolut, durch den Alkohol verursachten, »**runden**« **Beinen**, die meine Standfestigkeit erheblich einschränkten, gelang mir das auch, und ich kletterte anschließend in meine oben befindliche Koje.

In der unteren Koje schlief ein älterer Kadett aus der Schweiz, der an der Party nicht teilgenommen hatte.

Als ich am nächsten Morgen erwachte – mir war fast so schlecht wie bei der Seekrankheit – und aus meiner Koje schaute, hatte ich den Eindruck, ich hätte »**mir das Essen noch einmal durch den Kopf gehen lassen**«. Der Fußboden machte jedoch einen sehr sauberen Eindruck. Darüber war ich verwundert.

Nun, kurze Zeit später war der Fall klar.

Ich hatte mir tatsächlich »das Essen noch einmal durch den Kopf gehen lassen«. Nur nicht nur auf den Fußboden, sondern auch in die Koje meines Untermannes, des Kadetten aus der Schweiz.

Als er merkte, dass ich wieder zu den Lebenden gehörte, hatte ich einen Freund gewonnen. Die ganzen »**Nettigkeiten**«, mit denen er mich bedachte, kann ich gar nicht alle wiedergeben. Das würde diese Geschichte sprengen.

Ein weiterer Höhepunkt dieser Reise war die **Äquatortaufe**.

Zur Vorbereitung wurden wir Kadetten nur in Shorts ins Windenhaus am Oberdeck eingesperrt. Hier mussten wir **einige Stunden** ausharren. Es war sehr heiß, wir waren ja am Äquator und viele Leute auf engem Raum.

Um uns den Aufenthalt hier noch zu versüßen, hatte man in der kargen Räumlichkeit in der Deckenbeleuchtung noch mehrere Portionen des Käses »**Harzer Roller**« montiert.

Es roch fantastisch.

Mit im Windenhaus, neben uns neuen Kadetten, befand sich auch der »Kapitänssteward«. Auch für ihn war es die erste Reise.

Während der gesamten Küstenfahrt von Bremen bis Antwerpen hatte er sich uns gegenüber sehr überheblich und arrogant gegeben. Er war eben etwas Besseres.

Im geschlossenen Windenhaus, zusammengezwängt mit vielen weiteren Leuten bei verdammt schlechter Luft und das über einige Stunden, zeigte er sein **wahres Ich**.

Er fing fast an zu heulen, konnte dieses Eingesperrtsein überhaupt nicht ertragen und hatte massiv Platzangst.

Das kann ich durchaus verstehen, so furchtbar viel Spaß hat mir diese Unterbringung auch nicht gebracht. Aber dass das arrogante Verhalten des Stewards nun

»praktisch« bestraft wurde, hat mich wiederum sehr gefreut. Hier zeigte sich mal sein wahres Gesicht.

Anschließend, nachdem wir das Windenhaus verlassen durften, wurden wir von ein paar älteren, schon befahrenen Kadetten in die Mangel genommen, die sich mit brauner Farbe angemalt hatten und dazu Baströckchen trugen und das bordeigene Schwimmbecken besetzten.

In dieses wurden wir von ihnen getaucht, immer verbunden mit dem Satz: »**Wie viel Bier gibst du jetzt aus?**«

Anfangs war von einigen Flaschen die Rede, die Untertauchphasen wurden immer länger, und schließlich standen ganze Bierkisten als Spende im Angebot.

Damit waren unsere Peiniger zufrieden, und wir wurden aus dem Pool entlassen.

Es hat mich einige Kisten gekostet, aber ich habe überlebt.

Im Anschluss mussten wir durch den Windsack krabbeln. Dabei handelte sich um einen wasserdichten, circa zehn Meter langen Stoffschlauch, der zu Belüftungszwecken bei verschiedenen Ladungen in den Laderäumen installiert wurde.

In früheren Zeiten, so sagt man, wurde bei Äquatortaufen, während ein Kandidat hindurchkrabbeln musste, von beiden Seiten noch Wasser hineingeschüttet, was jedoch mehrmals zu schweren, teils sogar tödlichen Unfällen geführt hatte.

Unser Windsack war mit kleinen, harten Kugeln gefüllt, die das Durchkrabbeln auch zu einer richtigen **Freude** machten.

Die nächste Station war der »**Hörtest**«. Hierbei wurden wir in ein Metallfass gesteckt, der Deckel kam drauf, und von außen wurde das Fass mit Stockschlägen bearbeitet. Man muss das mal erlebt haben, was das für eine akustische Ausbreitung hat. Ich bin froh, dass ich dabei nicht taub wurde.

Eine weitere Station war der sogenannte **Galgen**, ein Ladebaum.

Wir wurden mit Gurten versehen und dann an dem Ladebaum circa acht Meter hochgezogen. Dort mussten wir ein Lied singen. Mir fiel leider nichts anderes ein als »**Ein Tag, so wunderschön wie heute**«.

Ich glaube, es kam **nicht** so gut an.

Nach diesem Liedervortrag war der »**Doktor**« an der Reihe.

Er untersuchte uns sehr gründlich, schmierte uns mit verschiedensten Fetten und Ölen am ganzen Körper ein und gab uns zum Schluss noch eine »**Allheiltablette**«.

Sie war so groß wie eine Praline – also wirklich nicht klein – und bestand aus **reinem** Maschinenfett.

Ich hatte das große Glück, dass ich diese Pille tatsächlich in einem Stück herunterschlucken konnte und somit vom Geschmack kaum etwas gemerkt hatte. Andere

Kollegen, die nicht das Glück hatten, konnten sich am Aroma von Maschinen- und Motorenöl erfreuen.

Die nächste Station war der **Friseur**. Mit seiner ebenfalls nicht gerade kleinen Schere zerschnitt er mein damals noch vorhandenes dichtes Haupthaar. Er schnippelte überall, völlig unkoordiniert. Ich sah toll aus.

Völlig zerrupft! Im Anschluss wusch er mir noch den Kopf mit einer grässlichen Brühe aus den ekligsten Zutaten, die man sich vorstellen konnte.

Sie blieben leider auch am Kopf und den restlichen Haaren haften.

Die letzte Station war die Taufe und Freisprechung durch **Neptun**, dem Herrscher aller Meere, Seen und Tümpel.

Wir mussten niederknien, ihn huldvoll ansehen und geloben, das Meer und sein Reich für immer zu respektieren.

Anschließend mussten wir seinen öl- und fettverschmierten Fuß küssen. Wenn du zu zaghaft warst, kam er dir sehr entgegen, indem er den Fuß anhob und du somit den vollen »Geschmack« im Mund hattest.

Danach waren wir getauft und somit **Jünger** von Neptun.

Abends gab es im Salon eine tolle Taufparty, auf der wir auch unsere Taufurkunde erhielten. Zuvor jedoch mussten wir uns duschen und reinigen. Das war nicht einfach, denn der »Friseur« hatte besondere Stoffe in unser Haar hineingearbeitet, die nur sehr schwer wieder zu entfernen waren.

Bei mir hatte es 14 Tage gedauert, bis alles wieder draußen war, aber nach dem Seetörn von 21 Tagen bis nach Singapur war alles im grünen Bereich. Gott sei Dank.

Nun, 21 Tage auf See sind eine lange Zeit. Man sieht kein Land, nur das Meer.

Gelegentlich begleiteten uns Delfine. Sie schwammen am Bug des Schiffes, ein sehr schöner Anblick.

Ansonsten war Alltag an Bord. Wir hatten nachmittags mehrere Stunden Unterricht bei unserem Ausbildungsoffizier, und vormittags wurde gearbeitet.

Um 6.00 Uhr wurden wir geweckt, und der Tag begann mit den Reinigungsarbeiten in den Gängen und Toiletten. Nun, das kannte ich ja schon vom **Schulschiff »Deutschland«**.

Anschließend war Frühstück angesagt, und dann ging es zur **»richtigen Arbeit«** über.

Dazu gehörten Tätigkeiten wie das Betätigen von Rostmaschinen an Deck, um die dicken Rostschichten zu entfernen, das Einfetten von sämtlichen Drahtseilen, die für die Lade- und Löscharbeiten, also fürs Laden und Entladen, notwendig waren, und zahlreiche Mal- und Überholungsarbeiten an den Ladebäumen und Lademasten.

Es gab immer etwas zu tun. Nach so einem Arbeits- und Unterrichtstag war man ziemlich erledigt.

Nach dem Abendessen ging man in seine Kabine – die

man sich mit drei weiteren Kadetten teilte –, um zu lesen oder mit den anderen Spiele zu spielen. Ich zog es oft vor, in die Mannschaftsmesse zu gehen, dort konnte ich in aller Ruhe die vorgeschriebenen wöchentlichen Berichte fertigen und auch ohne Störung Bücher lesen.

Zur damaligen Zeit war einer meiner Lieblingsautoren **Hans Fallada** mit seinem Buch »**Wer einmal aus dem Blechnapf frisst**«.

Nun, auch 21 Tage Seetörn vergingen einmal, und wir erreichten Singapur.

Bereits Tage zuvor konnte man das Land praktisch »**riechen**«. Zahlreiche Vögel umkreisten das Schiff, und es lagen viele, sehr angenehme, interessante Gerüche in der Luft. Eigentlich unvorstellbar, aber man muss es tatsächlich einmal erlebt haben.

Singapur bestand zur damaligen Zeit aus normalen, einfachen Häusern, staubigen Straßen und interessanten Märkten. Absolut nicht zu vergleichen mit dem heutigen Stadtstaat und den vielen architektonischen Meisterwerken.

Wir hatten dort eine Liegezeit von einigen Tagen – wir waren ein Stückgutschiff, Containerschiffe in der heutigen Größe gab es eben noch nicht – und das Laden und Löschen auf die manuelle Art erforderte eben diese Zeit.

Uns Kadetten kam das gelegen, da wir so ausreichend Zeit hatten, Land und Leute kennenzulernen. Wir gingen unter anderem in den **Tiger Balm Garden**.

Ein Park, in dem sich, inmitten vieler typisch asiatischer Statuen, Affen frei bewegen konnten. Es war unglaublich, so etwas hatte ich zuvor noch nie erlebt. Ob das heutzutage noch möglich ist, weiß ich nicht.

Der Kapitän unseres Schiffes, H., war Mitglied in einem sehr angesehenen englischen Club in Singapur. So wurden alle Kadetten dort zum Abendessen eingeladen. Zuvor durften wir auch noch den Pool benutzen. Eine sehr angenehme Abwechslung, die wir auch sehr genossen.

Auch die Drinks gingen alle zulasten des Kapitäns. Man kann es mir glauben, – in angemessenem Rahmen – haben wir es uns gut gehen lassen. War wirklich prima, so eine Chance bekommt man kein zweites Mal.

An einem Abend ging ich mit unserem Schlachter – in der Kombüse arbeiteten damals immer ein »Chefkoch«, ein Bäcker und ein Schlachter – von Bord, wie man so schön sagt: Wir gingen an Land.

In Singapur zur damaligen Zeit gab es eine völlig versandete, nicht sehr attraktive Straße mit dem Namen **»Boogie Street«**.

Sie war tagsüber nichts Außergewöhnliches. Die Leute dort waren normal bekleidet. Es gab die üblichen Geschäfte, fast ärmlich nach unseren Verhältnissen, also nichts Aufregendes.

Nun kamen wir zur Abendzeit in diese Straße. Bei Dunkelheit wurden – für uns sehr überraschend – schlagartig Tische und Stühle auf die Straße gebracht. Autoverkehr fand nicht mehr statt.

Es ertönte aus allen Richtungen Musik, und man wurde von Bedienungen, die praktisch aus dem Nichts kamen, gut mit Getränken bedient. Es war eine tolle Atmosphäre.

Und es war sehr heiß. Die Luftfeuchtigkeit lag bei fast 100 Prozent.

Im Grunde hätte ich mir jeden Drink gleich auf mein Hemd schütten können, denn jegliche getrunkene Flüssigkeit schwitze ich zum größten Teil gleich wieder aus.

Das war aber noch nicht der Höhepunkt des Abends, und ich war wirklich sehr erstaunt, was dann geschah.

So etwa gegen **23.00 Uhr** erschienen aus den zahlreichen Gassen und kleinen Straßen, die zuvor völlig unbedeutend waren und um die man sich somit auch nicht kümmerte, ganz **exotische Wesen**.

Oder anders gesagt, **wunderschöne Frauen** in einem sehr eleganten Outfit – tolle Frisuren, Superfiguren, sehr elegante Kleider, armlange Handschuhe –, für diese tropische Region äußerst ungewöhnlich und umso faszinierender.

Nun, eine dieser Schönheiten trat auch an unseren Tisch heran, schaute den Schlachter an und fragte ihn dann mit ganz tiefer Stimme: »**Do you play tennis?**« (Spielst du Tennis?)

In dem Moment erkannten wir erst, dass es sich um Männer in Frauenkleidern handelte (Transvestiten). Äußerlich konnte man es tatsächlich **nicht** wahrnehmen.

Jetzt wurde es aber für uns wirklich Zeit zu gehen. Ich muss aber sagen, das war eine wirklich sehr interessante Erfahrung.

Nun nach Singapur war unser nächster **Hafen Hongkong**.

Das Einlaufen in die Hafenbucht von Hongkong war überwältigend. Neben den zahlreichen vielen bunten, verschiedenen Lichtern, die die gesamte Bucht zierten und beleuchteten, befanden sich dort unzählige kleine Fahrzeuge, die kreuz und quer durch die Bucht fuhren. Beleuchtungen, wie in der Seefahrt vorgeschrieben, gab es nicht oder wurden nicht beachtet.

So richtige Verkehrsregelungen auf dem Wasser, die bei uns zwingend vorgeschrieben sind, gab es dort anscheinend nicht bzw. sie wurden ebenfalls nicht beachtet oder eingehalten.

Ich wundere mich immer noch darüber, dass wir ohne Kollision mit diesen unendlich vielen kleinen Fahrzeugen unseren Liegeplatz erreichten.

Bei diesen kleinen Booten handelte es sich um die sogenannten Dschunken, typische chinesische Segelboote, die wirklich überall waren.

Teilweise lagen mehrere dieser Boote als »Päckchen« zusammen, denn an Bord dieser Schiffe lebten ganze Familien. Man sollte es nicht glauben, aber es war so. Oftmals zehn oder mehr Personen lebten auf diesen schwimmenden Einheiten. Ich glaube Landgang, das Verlassen des Schiffes, haben sie nie erlebt.

Wir erreichten unseren Pierplatz, und es sollte mit den Lade- und Löscharbeiten losgehen.

Leider (oder Gott sei Dank) waren wir zur **Regenzeit** in Hongkong, und somit konnten diese Arbeiten kaum durchgeführt werden. Wir waren ein Stückgutschiff, das bei Regen sonst erhebliche Probleme gehabt hätte.

Das verlängerte natürlich die Liegezeit, sehr zu unserer Freude, da wir jetzt mehr von dieser fantastischen Stadt kennenlernen konnten.

Bevor wir jedoch in Hongkong einliefen, wurde uns mitgeteilt, sämtliche Kabinen, Räume, Gänge abzuschließen, da es in Kürze nur so von Händlern an Bord wimmeln würde. Das war absolut nicht übertrieben.

Kaum hatte das Schiff festgemacht, wurden wir geradezu überschwemmt von vielen kleinen Chinesen, die sich auf dem gesamten Schiff breitmachten. Wie schnell – und wie überhaupt – sie an Bord gekommen sind, wird immer ein Geheimnis bleiben. Es war wirklich unglaublich, zumal wir noch keine Landverbindung (»Gangway«) hatten.

Unmittelbar nach dem Festmachen des Schiffes sah ich mich, und ich befand mich noch am Bug des Schiffes, von Händlern umringt. Einige von ihnen waren Schneider und versuchten Hemden, Hosen, Anzüge und alles, was man so trägt, zu verkaufen.

Ich stand in voller Arbeitsmontur völlig verdreckt und verschmiert im vorderen Teil des Schiffes und sie nahmen trotzdem meine Körpermaße für Hemden und Hosen auf.

Nun, ich hatte nichts dagegen, denn die Reinlichkeit war in diesem Fall nicht mein Problem.

Tatsächlich, am nächsten Tag hatte ich eine maßgeschneiderte Hose und ebenso solche Hemden mit meinem Monogramm »GK« auf der äußeren Hemdtasche. Der Preis dafür, im Vergleich zu Deutschland, war sehr günstig. Selten hatte ich so gutsitzende Kleidungsstücke besessen.

Es dauerte wirklich keine zwölf Stunden, bis ich Maßhemden und -hosen hatte! Zu einem unglaublich günstigen Preis. Andererseits war ich zu der Zeit noch Schiffsjunge, also im ersten Lehrjahr, und mein Verdienst hielt sich doch sehr in Grenzen. Hose und Hemd konnte ich mir aber gerade noch erlauben.

Während unserer Liegezeit in Hongkong kreisten ständig kleinere Dschunken um die »Westfalia« herum. An Deck standen meist hübsche, junge Frauen, die uns ständig zuriefen: »**Honey, give me wood**« (**Schatz, gib mir Holz**). Gemeint war damit das **Stauholz**, das wir an Deck führten.

Stauholz wurde zur damaligen Zeit benötigt, um Ladungsgüter zu trennen, Unterlagen zu bauen oder auch um Zwischenräume zwischen den einzelnen Kisten auszufüllen, damit sich die Ladung bei Seegang nicht selbstständig machte und im Laderaum »randalierte«. Selbstverständlich wurde die Ladung auch noch gelascht, also befestigt, aber das Stauholz war eben auch wichtig.

Nun, von diesen langen und schweren Holzbrettern hatten wir genug, und wenn sie für Ladearbeiten nicht benötigt wurden, mussten wir sie sorgfältig stapeln.

Keine schöne Arbeit und auch sehr anstrengend.

Da kam uns der **Ruf** dieser jungen Frauen von den Dschunken gerade recht. Verbotenerweise und wenn die Offiziere oder der Bootsmann nicht schauten, ließen wir zahlreiche Bretter durch Öffnungen in der Bordwand ins Wasser gleiten.

Diese Art des »Stapelns« hat uns sehr gefallen. Sie ging deutlich schneller, war lange nicht so anstrengend, und wir erfreuten dazu noch ein paar Menschen.

Wenn man so will, eine **Win-win-Situation**.

Am nächsten Tag waren die bestellten Sachen fertig und wurden an Bord geliefert. Hemd und Hose saßen tadellos.

Der Schneider versuchte mich noch zu überreden, einen Anzug zu bestellen, was ich bei dieser guten Qualität auch gern getan hätte, aber zum einen fehlte mir das Geld und zum anderen lief das Schiff wenige Stunden später aus. Es hätte also so oder so nicht geklappt.

Von Hongkong aus ging es nach **Japan**.

Es war nur ein kurzer Seetörn – ein paar Tage –, bis wir die Hoheitsgewässer von Japan erreichten.

Auch hier oder gerade hier gab es ein unglaubliches Gewimmel an Kleinstfahrzeugen.

Es waren überwiegend Fischerboote, die sich an keine

maritimen Vorschriften hielten. Sie fuhren kreuz und quer, missachteten jegliche Vorfahrtsregelung – die gibt es auch in der dortigen Schifffahrt –, und es grenzt auch hier wirklich an ein Wunder, dass wir mit keinem dieser Fahrzeuge zusammenstießen.

Wir erreichten zunächst **Yokohama**. Unser Liegeplatz war die »Sunshine-Pier« im Zentrum der Stadt.

Dort lagen wir einige Tage zur Ladungsübernahme und auch -abgabe. Da wir zur Winterzeit in Japan waren, was hier auch **Regenzeit** bedeutet, verlängerte sich unser geplanter Aufenthalt in dieser Stadt um einige Tage.

Immer, wenn wir mit den Lade- oder Löscharbeiten anfangen wollten, fing es an zu regnen, und dieser Regen hörte einfach nicht auf.

Wir waren nun einmal ein Stückgutschiff, das heißt, für diese Arbeiten mussten die Luken geöffnet werden, und das ging nur **ohne** Regen.

Auch Wartungsarbeiten konnten an Bord kaum vorgenommen werden. Teilweise wurden in den Gängen und einigen Kammern Malerarbeiten durchgeführt, und das war, was die Betätigung betraf, eigentlich alles.

Natürlich gab es für uns Kadetten noch unseren täglichen Unterricht. Das war aber auch – neben Kleinigkeiten, die unbedingt erledigt werden mussten – alles, was an Bord noch stattfand. Wir hatten somit eine entspannte und ruhige Zeit.

Durch die wetterbedingte Aufenthaltsverlängerung

hatten wir die Möglichkeit, etwas von diesem Land kennenzulernen.

In Yokohama, nicht weit vom Schiffsliegeplatz, gab es den Stadtteil Motomachi. Er bestand im Wesentlichen aus einer unglaublich großen überdeckten Einkaufsstraße, in der man wirklich fast alles erwerben konnte.

Es gab Fischhändler, Fleischereien, Friseure, Bars, jegliche Art von Geschäften.

So etwas kannten wir nicht und waren fasziniert von dieser Vielfalt.

Weiterhin hatten wir Zeit, Ausflüge zu machen. Zum Beispiel zu der alten Kaiserstadt Kyoto. Dieser Ort war wirklich beeindruckend mit den zahlreichen Tempeln und den übergroßen Buddha-Statuen, die teilweise auch heute noch verehrt werden. Wir fuhren mit dem Tokaido-Express, dem damals schnellsten Zug der Welt, von Yokohama nach Tokio.

Nun, während dieser langen Liegezeit gab es manchmal auch die Möglichkeit für Instandsetzungsarbeiten an Bord. Dazu gehörte auch der Anstrich der Außenhaut des Schiffes. Klingt gut, nicht! Mit dieser Tätigkeit war ein Leichtmatrose im dritten Lehrjahr beschäftigt.

Es war körperlich keine leichte Arbeit, denn die entsprechende Farbrolle war bestimmt 60 Zentimeter lang, und wenn sie noch mit Farbe versehen war und man dann mit einer langen Stange (circa zwei, drei

Meter lang) versuchte, die Schiffsaußenhaut zu strei-
chen, kostete das verdammt viel Kraft.

Leichtmatrose J. hatte sich – aus welchen Gründen
auch immer – statt schwarzer weiße Farbe besorgt und
schrieb auf die Außenhaut des Schiffes:

»Kapitän H. Wanderzirkus«.

Nun, das war auch das Ende seiner Karriere. Kapitän
H. war ein sehr strenger und konservativer Mann, der
wenig Sinn für Humor hatte.

Leichtmatrose J. musste unverzüglich bei ihm antreten
und »**erhielt den Sack**«, das heißt, er wurde gefeuert:

Eine Redensart, die daher rührte, dass Seeleute in früheren Zeiten, wenn sie an Bord eines Schiffes anheuerten,
nur einen Seesack dabeihatten. Verließen sie das Schiff
wieder, sie musterten ab, nahmen sie ihren Seesack und
gingen von Bord.

Das ist natürlich in der heutigen Zeit völlig anders. Die
Redensart gibt es trotzdem noch immer.

Somit war für den Leichtmatrosen J. seine Zeit beendet.

Von Japan aus flog er nach Hause. Auf eigene Kosten,
und seine Ausbildung war wegen eines solchen Scherzes
beendet.

Ich empfand diese Maßnahme als deutlich überzogen,
aber Kapitän H. war nun mal ein harter Hund, mit dem
man nicht reden konnte.

So streng waren damals die Regeln. Meiner Meinung
nach hätte man das mit etwas Humor und einer Spende
ins Sammelschiffchen der Deutschen Gesellschaft zur
Rettung Schiffbrüchiger durchaus hinnehmen können,

aber Kapitän H. war eben niemand von der nachsichtigen Sorte.

Eigentlich sehr schade, denn Leichtmatrose J. war ein wirklich netter Kollege.

Nun, nachdem der Regen aufgehört hatte und somit alle Lade- und Löscharbeiten erfolgreich beendet wurden, ging es weiter nach **Kobe**.

Kobe ist ein Hafen, der zur damaligen Zeit über nicht viele Liegeplätze verfügte. Somit lagen wir einige Tage auf Reede, bevor wir für die Lade- und Löscharbeiten an die Pier verholen konnten.

Zwischenzeitlich kehrte auch an Bord der Alltag wieder ein. Unterricht, Renovierungsarbeiten und was es alles sonst noch so gab.

Natürlich wollten wir nach getaner Arbeit auch an Land gehen. Dazu wurde unser Fallreep (eine Art Gangway) heruntergelassen, sodass wir dann auf eine danebenliegende Barkasse, einen uralten Holzkahn mit einer ganz ärmlichen Maschine, übersteigen konnten.

Sehr viele Besatzungsmitglieder wollten an Land, und somit war diese alte Holzbarkasse schnell gefüllt, meiner Meinung nach sogar überfüllt.

Aber Außenplätze gab es noch. Man stellte sich auf die schmale Umrundung außerhalb der Barkasse und konnte sich an den am Dach vorhandenen Halterungen aus Holz festhalten.

Wir kamen im Winter in Kobe an, es war sehr kalt, und ich hatte neben der entsprechenden Kleidung auch noch einen dicken Wintermantel an. Genau richtig für diese Jahreszeit.

Nun stieg ich vom Fallreep auf die völlig überfüllte Holzbarkasse über und stellte mich auf die schmale Umrandung. Es war überhaupt kein Problem. Ich griff sofort nach einer der Holzhalterungen, die sich am Dach befanden.

Und nun konnte die Fahrt »an Land« losgehen.

Wie gesagt, in Japan war Winter, und die See war rau. Die Barkasse schaukelte sehr, aber ich konnte mich gut festhalten.

Nun geschah aber Folgendes: Die Schaukelbewegung wurde aufgrund der Wetterverhältnisse immer stärker, und bei einer dieser Bewegungen riss mein Haltegriff aus seiner Verankerung.

Ich wäre mit Sicherheit in voller, schwerer Winterkleidung in der Bucht von Kobe ins Wasser gefallen.

Geistesgegenwärtig hat der damalige Offiziersanwärter, der unmittelbar neben mir stand, die Situation sofort erkannt und mich am Kragen gepackt.

Das war wirklich Glück.

Wie wäre es sonst ausgegangen? Darüber möchte ich nicht nachdenken.

In Japan liefen wir dann noch in zahlreichen kleinen Häfen für Lade- und Löscharbeiten ein, die aber keine erwähnenswerte Bedeutung hatten.

Nun ging es weiter in Richtung Philippinen, die wir nach

einigen Tagen bei sehr ruhiger See erreichten. Das war einmal eine rundum tolle Überfahrt.

Unser dortiger Hafen war **Manila**. Obwohl Hauptstadt dieses Landes, ruhte dort der Verkehr.

Zur damaligen Zeit herrschten dort erhebliche politische Unruhen.

Für die Bevölkerung bedeutete das ab **18.00 Uhr Ausgangssperre.**

Das galt selbstverständlich auch für uns als Schiffsbesatzung.

Wir hatten aber vorher noch Gelegenheit, an Land zu gehen, um etwas Abwechslung zu haben und um einmal eine **andere Biersorte** zu trinken als die, die wir an Bord hatten.

Wir haben es **sehr** genossen.

Nun, wir folgten den behördlichen Anordnungen, und ich glaube, daran taten wir gut, denn am nächsten Tag erfuhren wir, dass zwei Besatzungsmitglieder eines norwegischen Frachtschiffes von der Militärpolizei erschossen worden waren, da sie sich nicht an die Ausgangssperre gehalten hatten.

Wir sahen also zu, rechtzeitig zurück an Bord zu kommen.

Sonst hatten wir eigentlich nie so auf die Zeit geachtet. In diesem Fall konnten wir aber wirklich sehr froh sein, dass wir diese Ausgangssperre mehr oder weniger unbewusst eingehalten hatten.

Hier hatten wir einfach nur Glück.

In Manila übernahmen wir **Massengut**, wofür die Laderäume entsprechend mit sehr vielen Planen vorbereitet werden mussten.

Geladen als Massengut (Schüttgut) wurde **Kobra Expeller**.

Kobra Expeller ist ein Gemisch aus Palmenkernen und getrockneter Kokosnuss und wird unter anderem auch als Futtermittel verwendet.

Dieses Gut füllt nun also sämtliche Laderäume, die damit praktisch völlig abgeschlossen sind – weitere Güter können nicht mehr übernommen werden.

Das Problem war, dass es sich bei diesem Massengut um eine sehr ölige Ware handelte, die bei hohen Außentemperaturen sehr schnell zur **Selbstentzündung** neigte.

Wie auch immer, diese Ladung wurde übernommen.

Nachdem also sämtliche entsprechend vorbereiteten Laderäume mit zig Tonnen von Kobra Expeller gefüllt waren, verließen wir den Hafen Manila mit direktem Kurs nach Hamburg.

Es ging wieder um Afrika herum, da der Suezkanal immer noch geschlossen war.

Es wurde wieder ein langer Seetörn, aber auch an so etwas gewöhnt man sich.

Einige Wochen vergingen, und wir hatten in etwa die Höhe des Staates Senegal erreicht, als uns morgens die Sirene aus dem Schlaf riss. Es war circa **4.00 Uhr**.

Zunächst dachten wir an irgendeine Notfallübung unseres Kapitäns und kamen müde, unausgeschlafen und somit auch nicht bester Laune aus den Kojen.

Ein erster Blick aus den Fenstern (keine »Bullaugen«) ließ uns schlagartig hellwach werden.

Aus einigen Luken stieg kräftiger, dunkler Rauch auf. Das Kobra Expeller hatte sich tatsächlich aufgrund der hohen Außentemperaturen in Brand gesetzt. Mehrere Luken, das ganze Schiff, waren gefährdet.

Was sich spontan tun ließ, war, die Ladeluken mit Planen abzudecken und sie anschließend mit Wasser zu besprühen, um die Temperaturen niedrig zu halten.

Das gelang auch ganz gut, aber so wären wir niemals nach Hamburg gekommen.

Wir mussten also einen Nothafen anlaufen. **Dakar**, die Hauptstadt von **Senegal**.

Bis dorthin dauerte es noch ein paar Tage, denn wir waren zwar auf der Höhe von Senegal, aber mitten auf dem Atlantik.

Zwischenzeitlich dauerten die Kühlungsmaßnahmen mit Seewasser an.

Zusätzlich wurden wir mit Atemschutzmasken in die Laderäume geschickt, wo wir erkannte Brandherde per Schaufel verteilten, um ihre Ausbreitung zu verhindern.

Gefallen hat es uns in den Lagerräumen überhaupt nicht, aber es musste sein.

Gebraucht wurde wirklich jeder Mann. Auch wir ganz Neuen.

In den Ladeluken gab es zahlreiche kleine Glutnester, die wir gut verteilen konnten.

Es war heiß, die Luft war stickig, aber auszuhalten.

Inmitten unserer Glutverteilungsmaßnahmen hörten wir auf einmal ein Zischen.

Keiner konnte es identifizieren, also schenkten wir diesem Geräusch bald keine Beachtung mehr.

Nachdem wir die Ladeluken wieder verlassen hatten und uns nach diesem **Zischen** erkundigt hatten, stellte sich heraus, dass ein übereifriger Offizier von der Brücke aus eine Flasche Kohlenstoffdioxid in den Laderaum hat einfließen lassen, ohne zu bedenken, dass wir dort arbeiteten.

Da waren wir offenbar noch glimpflich davongekommen, denn dieser Stoff ist für den Menschen nicht so unbedingt gesund.

Einige Tage später erreichten wir Dakar.

Die Schiffsleitung sah nun lediglich vor, dass wir zahlreiche Flaschen Kohlenstoffdioxid übernahmen, um die Glut bis zum Erreichen von Europa mit dem Gas unter Kontrolle zu halten.

Die Übernahme der Metallbehälter klappte ganz gut, dauerte aber zwei Tage – wesentlich länger als vorgesehen.

Man war eben in Dakar auf solche Zwischenfälle nicht vorbereitet.

Zur Sicherheit von Schiff und Besatzung wurden auch mehr Gasflaschen übernommen als ursprünglich geplant, und das, wie oben erwähnt, dauerte nun einmal so seine Zeit.

Wir, als Besatzung, konnten in diesem Moment nichts weiter tun.

Die Luken wurden mit Meerwasser gekühlt, und es wurde regelmäßig Kohlenstoffdioxid in die Laderäume geblasen.

Dafür wurde nicht viel Besatzung benötigt, solange wir im Hafen lagen. Zu diesem Zeitpunkt bestand keine Gefahr mehr für Schiff und Besatzung.

Somit hatten wir Gelegenheit, auch an diesem nicht vorgesehenen Nothafen in Dakar an Land zu gehen. Besonders interessiert hatte mich der dortige Markt.

Dort wurden ganz tolle Holzschnitzarbeiten zu einem unglaublich günstigen Preis angeboten.

Ich nahm die Chance wahr und kaufte einige dieser Figuren.

Das sprengte das Konto eines jungen Seemannes zwar gewaltig, aber das war mir egal, ich konnte nicht widerstehen, und ich habe diese Einkäufe nie bereut.

Diese Figuren besitze ich heute noch, und es kamen auf weiteren Reisen noch ein paar hinzu.

Nun, nachdem wir genügend Flaschen mit Kohlenstoffdioxid an Bord genommen hatten – an ein Löschen des Brandes an Bord war hier in Dakar absolut nicht zu denken –, ging es weiter in Richtung Europa.

Hamburg war als direkter Zielhafen nun zu weit entfernt, aber die Schiffsleitung stand im Kontakt mit **Marseille**.

Das wäre der erste europäische Hafen, in dem die Möglichkeit bestand, den Brand zu bekämpfen.

Die Fahrt dahin verlief ruhig und ohne besondere Vorkommnisse. Die Luken wurden gekühlt und mit Kohlenstoffdioxid ständig »**unter Feuerkontrolle**« gehalten.

Das Einlaufen in den Hafen von Marseille, der als Ziel auf dieser Reise überhaupt nicht vorgesehen gewesen war, war überwältigend. Ein solches Meer an Löschfahrzeugen und Löschbooten hatte ich zuvor noch nie gesehen.

Kaum waren wir fest vertäut, kamen die Feuerwehren an Bord. Wir hatten strikten Befehl, in unseren Kammern zu bleiben, was wir mit Sicherheit auch ohne diese Aufforderung getan hätten.

Die Feuerwehrexperten entfernten die Planen und öffneten langsam die Luken. Ich konnte diese Vorgänge sehr gut beobachten, da meine Kammer »**Vorkante Brücke**« war, also direkt vorn mit Blick auf das Vorschiff und die Luken.

Die Feuerwehr öffnete die Luken, und in dem Moment, als wieder vermehrt Sauerstoff an die Glut gelangte, schlugen die Flammen meterhoch nach oben aus.

Sehr interessant aus der Entfernung anzusehen, aber für die Feuerwehrkräfte äußerst gefährlich.

Neben dem Einsatz von Wasser wurde die Ladung von

mit an Kränen befestigten **Greifern** aus den Laderäumen entfernt und anschließend von zahlreichen LKW fortgebracht.

Dieses Spektakel dauerte viele Stunden, dann war der Spuk beendet.

In dem **Nothafen Marseille** blieben wir aufgrund der anstehenden Aufräumarbeiten noch zwei Tage.

Dann ging es endlich weiter nach Hamburg.

Die restliche Rückreise verlief nun sehr ruhig, auch was den Seegang betraf.

Auch in der Biskaya, die sich von Galicien bis zur Bretagne entlang der Nordküste Spaniens und der Westküste Frankreichs erstreckt, blieb es dieses Mal ruhig. Diese Bucht ist üblicherweise dafür bekannt, dass dort sehr unruhiger Seegang herrscht.

Ich kann mich somit vor allem noch an unsere Ausreise erinnern, in der ich wirklich **zahlreiche Mahlzeiten** dem Meeresgott **Neptun** gespendet hatte. Ich kann nur hoffen, dass er sie genossen hat, denn freiwillig hätte ich sie ihm bestimmt nicht gegeben.

Nun waren es nur noch wenige Tage bis Hamburg, bis nach Hause. Wir waren fast drei **Monate** unterwegs gewesen, und irgendwann packt einen doch ein bisschen das **Heimweh**.

Nachdem wir die Nordsee verlassen hatten, in die Elbe eingefahren waren und Cuxhaven passiert hatten, hatte ich **Gänsehaut** vor Ergriffenheit, endlich wieder zu Hause zu sein.

Ich hätte niemals gedacht, dass ich so empfinden würde. Es war aber eben so.

Nach doch recht langer Zeit der Abwesenheit als junger Mann – es war **meine erste Reise** gewesen – wieder in der Heimat anzukommen, war unglaublich schön.

An Deck hatten wir zu diesem Zeitpunkt nichts mehr zu tun und konnten somit die Flussfahrt und Revierfahrt genießen.

Selten habe ich die Schiffsbegrüßungsanlage in Wedel/ Schulau so gern gehört wie an diesem Tag, obwohl ich sie zuvor schon sehr oft gehört hatte. Nur eben nicht als **heimkehrender Seemann**.

Ich habe die gesamte Elbefahrt, die ein paar Stunden dauerte, sehr genossen und freute mich sehr auf meine Heimatstadt.

In Hamburg erreichten wir unseren Liegeplatz im Kaiser-Wilhelm-Hafen. An der Pier erwarteten uns zahlreiche Angehörige.

Auch meine Eltern waren dabei. Ich habe mich riesig gefreut, sie noch so langer Zeit endlich wiederzusehen.

Nach circa drei Wochen Urlaub in Hamburg ging es weiter mit der seemännischen Ausbildung, und es erfolgten noch zwei Reisen auf der **MS »Westfalia«** in Richtung Ostasien. Beide verliefen ohne besondere Vorkommnisse.

Nach ein paar Monaten wird man in der Regel vom

Schiffsjungen (erstes Lehrjahr) zum Jungmann (zweites Lehrjahr) befördert.

Bordintern wurde sogar eine Prüfung durchgezogen (die auch behördlich anerkannt war). Dadurch verkürzte sich die Verweildauer als Schiffsjunge um drei Monate. Natürlich nahm ich an dieser Prüfung teil und wurde »vorzeitig« Jungmann, was auch mehr Heuer bedeutete.

Ich machte insgesamt drei Reisen auf der »**Westfalia**« nach Ostasien, die zusammen **13 Monate** dauerten.

Im Rahmen meiner Ausbildung wurde dann sowohl das Schiff als auch das Fahrgebiet gewechselt.

Ich kam mit meinen Kollegen auf die »**Wolfsburg**«, und das Fahrgebiet war Nordamerika-Westküste.

Nun, wir stiegen in Hamburg wieder an Bord, um unsere Ausbildung fortzusetzen. Dort wurden wir von einem dicken, schwabbeligen Mann empfangen, der sich Ronny nannte und sich als Decksmann und zweiter Bootsmann vorstellte.

Unabhängig davon, dass er mir äußerst unsympathisch war, war diese Vorstellung ein **Widerspruch** in sich:

Ein Decksmann ist eine Aushilfskraft, ein Hilfsarbeiter ohne Ausbildung, ein Bootsmann dagegen ist ein sehr erfahrener Matrose (er hat einen Matrosenbrief, vergleichbar mit einem Gesellenbrief), der zusätzlich noch eine Bootsmannprüfung abgelegt hat.

Ronny war absolut unterbelichtet, umso größer war dafür sein Selbstdarstellungsdrang.

Mit Sicherheit eine Art Profilneurose. Er sprach davon, dass er Chef einer Rockerbande in Hamburg sei.

Er war einfach nur **sehr doof**, und wir ließen ihn links liegen. Er tat uns nichts und wir ihm auch nicht. Solange er friedlich war.

Allerdings, unser Verhalten gefiel ihm überhaupt nicht, da wir ja in seinen Augen nur ganz junge und unerfahrene Seeleute auf einem Ausbildungsschiff waren, die er liebend gern befehligen wollte, »**der zweite Bootsmann**«.

Immer wieder kam sein unglaubliches Geltungsbedürfnis ans Tageslicht.

Das klappte natürlich überhaupt nicht, da er von keinem von uns ernst genommen wurde.

Trotzdem wollte er immer wieder darstellen, was für ein toller Hecht er war.

Dazu suchte er sich den **Schwächsten** aus. Das war der Messejunge. Ein ganz schmaler, höflicher und schüchterner junger Mann aus Österreich, der in der Mannschaftsmesse für den Service zuständig war.

Ronny ließ keine Gelegenheit aus, ihn verbal anzugehen und zu beleidigen. Es war einfach nur schlimm.

Irgendwann war einmal der Zeitpunkt gekommen – bei aller Geduld –, an dem es uns wirklich reichte. So kann man auf einem Schiff, auf dem man mehrere Monate unterwegs ist, nicht miteinander umgehen.

Wir, das waren die Auszubildenden im dritten Jahr. (Also nach bestandener bordeigener Prüfung vom Jungmann zum Leichtmatrosen befördert.) Wir überlegten, welche Maßnahmen wir treffen wollten.

Hier kam nur nach alter seemännischer Sitte »**der Heilige Geist**« infrage.

Kurz vor Mitternacht versammelten wir uns vor Ronnys Kabine, betraten sie und zerrten ihn aus der Koje.

Er war völlig überrascht und perplex, fing an zu strampeln, schrie und wimmerte; von dem »Rockerchef« blieb nichts mehr übrig. Er versuchte, sich zu befreien, aber gegen sechs kräftige Leichtmatrosen hatte er keine Chance.

Wir trugen ihn in den Waschraum und duschten ihn mit eiskaltem Wasser ab, verpassten ihm mit Gummischläuchen sehr kräftige Schläge auf den Allerwertesten und begannen mit einer großen Schere seine Frisur etwas zu verändern: Wir schnitten sehr viel ab, und zwar überall.

Das war nun einmal der »**Heilige Geist**«, der an Bord für Gerechtigkeit sorgte.

Man kann sagen, aus diesem ekelhaften »**Schwabbel**« wurde noch eine richtige Schönheit aufgrund der ihm verpassten neuen Frisur.

Nach dieser Prozedur bekam er die ganz dringende Botschaft, den Messejungen in Zukunft in Frieden zu lassen, da der »**Heilige Geist**« ihn sonst erneut besuchen würde.

Danach ließen wir ihn im Waschraum allein zurück.

Nun, im Nachhinein, rein rechtlich betrachtet, wäre

unsere Aktion nach dem Strafgesetzbuch eine Körperverletzung gewesen, sogar eine gefährliche, da sie unter anderem von mehreren gemeinsam begangen wurde.

Aber dieses Delikt ist seit langer Zeit **verjährt**, und Ronny hatte diese Abrechnung nach **alter Seemannsart** wirklich verdient.

Am darauffolgenden Tag, zum Frühstück und zu allen weiteren Mahlzeiten, erschien Ronny auch in der Messe. Er nahm wortlos seinen Platz ein, trug aber von diesem Zeitpunkt an die nächsten drei Wochen immer eine Pudelmütze.

Wir haben uns alle darüber gewundert!

Unseren Messejungen ließ er jetzt absolut in Ruhe.

Kommen wir auf das Fahrtgebiet zurück: Von Europa aus ging es quer über den Atlantik Richtung Westen durch den Panamakanal und dann rechts herum nach Norden in Richtung USA. Unser erster Hafen dort war Long Beach.

Von dort aus fuhren wir weiter Richtung Norden nach San Francisco, Eureka, Portland, Vancouver, um nur einige Häfen zu nennen.

Dazu aber eine kleine, **für mein Leben nicht unwesentliche Geschichte**.

Am **24.12.1969** lagen wir mit der **MS »Wolfsburg«** in **Eureka**, einem kleinen Hafen im Norden Kaliforniens, wo wir einige dieser mächtigen Holzstämme laden sollten, die »**Redwood-Trees**«.

Es war der Heilige Abend, und die Weihnachtsfeier fand an Bord statt. Uns allen hatte diese Feier nicht gefallen, sie wurde von der Schiffsleitung sehr lieblos durchgeführt, und wir hatten alle das Bedürfnis, noch an Land zu gehen.

Das taten wir auch, aber wohin?

In so einem – damals – kleinen Ort wie Eureka gab es ja nichts Interessantes. Also taten wir etwas, was wir sonst wohl nicht gemacht hätten, wir gingen in die Kirche.

Es war eine kleine, sehr schöne, aus Holz gefertigte Kirche. Schon von draußen hörten wir uns wohlbekannte – wenn auch auf Englisch gesungene – Weihnachtslieder, begleitet von Gitarren und Trompeten.

So etwas kannten wir bisher nicht.

Wir betraten die gut besuchte Kirche und nahmen Platz.

Da wir ja Kadetten waren, mussten wir auch eine Art Uniform tragen, durch die wir natürlich auffielen. Nach dem Gottesdienst wurden wir daher von den Einwohnern angesprochen und befragt, wer wir denn seien und woher wir kämen.

Wir antworteten brav, mit dem Ergebnis, dass uns einige Familien für den nächsten Tag zum Weihnachtsessen einluden. In den USA ist Weihnachten nur **der 25.12.**

Der Heilige Abend spielt eine vergleichsweise unbedeutende Rolle in den USA.

Es kam der nächste Tag, und hier **muss das Schicksal seine Hand im Spiel** gehabt haben.

Als die Leute, die mich zum Essen eingeladen hatten, an Bord des Schiffes kamen, saß ich gerade auf der Toilette (wirklich wahr!) und war nicht aufzufinden.

Amerikaner sind da sehr unkompliziert, sie haben ganz spontan statt meiner Person einen anderen Kollegen eingeladen und sofort auch mitgenommen.

Nach Beendigung meiner Sitzung wurde ich dann über diese bittere Wahrheit unterrichtet und war auch etwas enttäuscht über die Ungeduld meiner Nun-nicht-mehr-Gastgeber.

Kurze Zeit später erschien eine weitere – mir bislang nicht bekannte – amerikanische Familie, die ebenfalls einen deutschen Kadetten einladen wollte, und so fiel das Los auf mich.

Es war eine sehr nette Familie mit Namen Livingston. Ich wurde gut bewirtet. Es gab Puter mit allem, was dazugehört. Ein fantastisches Mahl, und wir hatten einen sehr netten Abend.

Nach dem Essen erzählten sie mir, dass in unmittelbarer Nachbarschaft eine Familie lebe, deren Tochter bereits in Deutschland gewesen sei und die auch Deutsch spreche. Es wäre doch ganz toll, wenn wir jetzt diese Leute einmal besuchen könnten.

Ich war einverstanden, und so erschienen wir kurze Zeit später bei der Familie Cantlon.

Es war eine sehr große Familie, Vater John Edward (Professor an der dortigen Universität), Mutter Catherine Eileen (Hausfrau) und **zehn (!) Kinder**. Die älteste Tochter, die in Deutschland zu Besuch war, hieß Catherine Lucy Veronica, genannt Cathie, und sie gefiel mir sofort.

Wir verstanden uns auf Anhieb großartig.

Man könnte fast sagen, es war **Liebe auf den ersten Blick**.

So etwas hatte ich zuvor nicht gekannt.

Es wurde ein sehr schöner Abend, und ich versprach, am nächsten Tag wiederzukommen. Ich hielt mein Wort, und so trafen wir uns wieder.

Es war nicht das letzte Wiedersehen.

Ich nahm fortan nur noch Schiffe, die in Richtung Nordamerika-Westküste fuhren, stieg im ersten amerikanischen Hafen aus, flog nach Eureka, machte dort Urlaub und ging im letzten amerikanischen Hafen, es war immer Long Beach, wieder an Bord.

Das wiederholte ich sehr oft, bis wir uns entschieden zusammenzubleiben, zu heiraten.

1971 kam Cathie nach Deutschland. Wir heirateten dann im Oktober des gleichen Jahres.

Auf einen Vorfall während meiner Seefahrtszeit, der mich sehr beeindruckt hatte, möchte ich noch eingehen.

Ich hatte meine Ausbildung abgeschlossen und fuhr –

bevor ich die Seefahrtsschule in Hamburg besuchen wollte, um ein nautisches Patent zu erwerben – als Offiziersanwärter auf **MS »Heilbronn«**.

Das Fahrtgebiet dieses Schiffes war Westindien, also die Karibik und Mittelamerika – ein sehr schönes Fahrtgebiet.

Es war **Januar 1971**, und wir lagen in Antwerpen, dem letzten europäischen Hafen, bevor es über den Großen Teich in die Karibik gehen sollte.

Direkt hinter uns lag ein altes Schiff der **Hapag**. Es war die **MS »Brandenburg«**, die ebenfalls in Richtung Westindien auslaufen sollte.

Aus meiner vorherigen Fahrzeit kannte ich den dortigen Offiziersanwärter sehr gut, und so war es für mich eine Selbstverständlichkeit, ihn an Bord zu besuchen. So hatten wir auf der **MS »Brandenburg«** einen schönen Abend.

Am nächsten Tag frühmorgens – es war der **12.1.1971** – verließ sein Schiff Antwerpen in Richtung Karibik.

Einen Tag zuvor hatte es im englischen Kanal eine Kollision zwischen dem peruanischen Frachter **»Paracas«** (9481 BRT) und dem Tanker **»Texaco Caribbean«** (13605 BRT) gegeben.

Der Tanker brach auseinander, sank, und die Wrackteile wurden weit in der Straße von Dover verteilt.

Es gab zwar Hinweise an die Seeschifffahrt, wo sich die Wrackteile befinden könnten, aber Genaues war nicht bekannt.

Wie gesagt, die **MS »Brandenburg«** verließ Antwerpen, fuhr durch den Kanal und, nun ja, »fand« ein großes Wrackteil des Tankers.

Das Schiff wurde regelrecht aufgeschlitzt und sank innerhalb von wenigen Minuten. Es gab nur wenige Überlebende, mein Freund, der Offiziersanwärter, gehörte nicht dazu.

Monate später, es war kurz vor Beginn der Seefahrtsschule, machte ich eine meiner letzten Reisen auf dem **Turbinenschiff »Dortmund«**, einem wirklich alten »Schlachtschiff«.

Es ging in Richtung Südamerika-Westküste. Also über den Atlantik, durch den Panamakanal und dann linksherum Richtung Süden.

Der südlichste Hafen war Valparaíso. An Bord befand sich der leitende Ingenieur A., der zum Zeitpunkt des Unterganges auf der **MS »Brandenburg«** seinen Dienst versehen hatte und zu den wenigen Überlebenden gehört hatte.

Er erzählte mir, dass dort alles sehr schnell geschehen war.

Die **MS »Brandenburg«** war durch das Wrackteil seitlich total aufgeschlitzt worden und innerhalb weniger Minuten wie ein Stein gesunken. Wer sich in dem Maschinenraum, in den Kabinen oder in sonstigen geschlossenen Räumlichkeiten aufgehalten hatte, hatte keine Chance rauszukommen.

Er hatte sich zufälligerweise und zu seinem großen Glück nicht in diesen Räumlichkeiten befunden. Wie er erzählte, hatte das Schiff sehr schnell ganz starke Schlagseite, und er wurde ins Wasser geschleudert. Dass er

überlebt hatte, verdankte er einerseits seiner nicht un-
erheblichen Körperfülle und andererseits dem Glück,
dass er sich an einer Holzkiste festklammern konnte,
bevor er Stunden später gerettet wurde.

Weiter berichtete er, dass er gesehen hatte, wie Besatzungsmitglieder der **MS »Brandenburg« (zwei Stewar-
dessen)**, die sich auch im Wasser befunden hatten, aufgrund der Sogwirkung – verursacht durch die massive
Schräglage des Schiffes – in den Schornstein gezogen
wurden und so ums Leben kamen.

Diese Ausführungen haben mich sehr beeindruckt,
und ich werde sie nie vergessen.

Bevor ich in Hamburg die **Seefahrtsschule** besuchen
durfte, musste ich noch einige Fahrtzeiten als Offiziersanwärter nachweisen.

Die erfüllte ich auf der **MS »Heilbronn«** in der Karibik
und als letzte Reise auf der **»Alster Express«**, ein Contai-
nerschiff von **Hapag-Lloyd** in Richtung Nordamerika-
Ostküste (unter anderem nach New York).

Es war eines der ersten Containerschiffe, die diese
Reederei in Fahrt stellte.

In der Zeit von **1971 bis 1974** besuchte ich in Hamburg
die Fachhochschule, Fachbereich Seefahrt, und schloss
am Ende des sechsten Semesters mit der bestandenen
Prüfung **»Kapitän auf großer Fahrt«** ab.

Anschließend fuhr ich noch eine kurze Zeit als Dritter Offizier bei der Hamburger Reederei **Frigomaris** in

»wilder Trampfahrt« auf der **MS** »**Alaska Core**« zur See.

Trampfahrt bedeutet, dass man vorher nie weiß, wohin die Reise geht. Man erhält per Funk die Order, beispielsweise von Kolumbien Kaffee nach New York zu bringen.

Was dann geschieht, weiß man nicht.

Im Gegensatz dazu steht die **Linienfahrt**. Dort sind die Häfen und die ungefähren Ankunftszeiten vorgegeben und somit auch für jedermann berechenbar. Sehr gut für das Privatleben und somit auch für die Familie.

Dies waren ein paar kleine Geschichten aus meinem Leben als Seemann.

Mittlerweile habe ich eben aus familiären Gründen die Seefahrt aufgegeben.

Ich habe zwei Kinder, Michael Cristoph und Barbara Eileen, und auch bereits fünf Enkelkinder: Cody, Owen, Lily, Curt und Grace.

Ich gehörte zudem viele Jahre der Hamburger Wasserschutzpolizei an, die ich nach **36** sehr interessanten Dienstjahren in den Ruhestand verlassen habe.

Gunter Klews / Juni 2020